武士道
大和魂

NEW Y

武士道
大和魂

ROCK'N' ROLL BIBLE

ロックンロール✝バイブル

アーサー ホーランド

INTRODUCTION

まえがき

本が一つの形になっていくには、長い時間と見えない動力が必要となる。

この本の完成には、人の優しさと思いやりが込められている。

故に、このような素敵な姿で世に誕生してくれたことに感無量である。


表現の究極は語らずにして語ることだと自覚しつつも、語らなければ伝わらないのも事実である。

生きることは矛盾に満ちている。

人は没頭と葛藤を繰り返しながら、日々の生活を営んでいる。

今は便利で安全な時代と言われるが、多くの人は予期しないことが起るかもしれないという、漠然とした不安の中で生きている。

「豊かな国・日本」と口では言っても、現実には苦しみや悲しみ、また言いようのない虚脱感を感じながら過ごしている。

「忙しい」という字は心を亡くすと書くが、人は忙しさの中で自分の存在価値を見失っていく。

日本人は、「間」を大切にする国民として知られている。

部屋の配置においては、茶の間、奥の間、床の間という間取りがある。

芸においても間合いが大事であることは誰もが知っている。

人の間と書いて人間と読む。

間が抜けると間抜けという言葉まである。

INTRODUCTION

忙しさの中にあってこの本が、あなたの心に豊かさをもたらす「間」の役割になってもらうことを切に願うものである。

今まで、幸いにも多くの本を出版させて頂いた。今回、自分にとってはこれが最後の本になるかもしれない……という思いがある。

「語らずにして語る」といいながら語り続けている自分に、実を言うと嫌気がさし始めている。

我儘《わがまま》ざんまいの、やってなんぼという生き方も、そろそろ終止符を打とうかな……とメランコリーに考えたり、また急に情熱に燃えアクションを起したり、ときには生と死の綱引きゲームの中にあって、「もういいや……。いや、まだまだやれる……」と自問自答したりしているのが、迷える不良牧師なる俺の姿である。

身勝手な、また淋しがり屋の俺の気持ちが交差したような思いがつづられているこの本を通して、少しでも読者に慰めや励まし、また、「あなたはあなたでいいのだ……」というメッセージが届けば嬉しい。


「人生は難儀故に面白く、複雑故に楽しい……」とも言えるのかもしれない。

まあ、そうでも思わないとやってられない面もある。

そんなどうしようもない己を自覚しながら、こんな俺の為にJESUSが十字架に架かってくれたことに、勿体ない、またありがたいという気持ちで、ここまで来ることができたと思っている。

義理と人情の源。

弱気を助け強気をくじく、侠客《きょうかく》の中の侠客。

魂のロッカーのあなたを愛する思いが、少しでも伝わることを願ってやまない……。

この本を通してあなたに出会えたことが、何よりも感謝なことだ。

あなたのこれからの歩みが祝福され、大いなる方のスピリットによって心が愛で満たされますように……。

アーサー ホーランド

御茶の水 山の上ホテルにて

CONTENTS

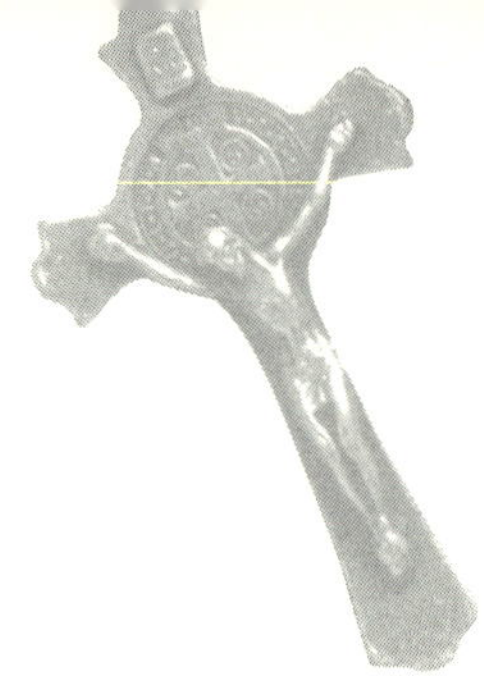

CONTENTS

1951

大阪府豊中市に4人兄妹の長男として生まれる
父親の仕事で両親は東京に行くが、（祖母が本人を手放さず）祖父母と西成区鶴見橋通りで育つ

おばあちゃんは、ひたすら優しい人だった。そう、俺の女性像の源と言ってもいいすぎじゃない

1963

大阪のミッションスクール　城星学園小学校卒業

初恋は鶴見橋にあるお菓子屋の女のコ。名前は……内緒だ（笑）

1964

東京に両親と住み、
セントメリーインターナショナルに通い始める

とにかく、やんちゃだったね。当時の武勇伝を語ろうと思ったら、1ヶ月あってもまだ足りないよ

1972

セントメリーインターナショナル卒業

アメリカ、カリフォルニア州、サンタアナジュニアカレッジに通うが1年程で中退。
柔道の練習や試合に参加する生活を送る

1974

カリフォルニア州サンディエゴ市で恩師の岡野功（東京オリンピック柔道金メダリスト）の義父（牧師）に導かれ、クリスチャンに。同日、海で受洗を受ける

俺の人生において、もっとも大切な出来事のひとつ……あの時があったから今の俺がいる。心の底からそう思える瞬間だったね

1975
サンボレスリングで全米選手権優勝

1976
サンボレスリングで全米選手権優勝
キリスト教超教派団体キャンパス・クルセード・フォー・クライスト(CCC)付属のスポーツ部門、Athletes in Action(アスリート・イン・アクション)に所属
スポーツを通しての布教活動に携わるようになる

1977
柔道でパンアメリカン大会2位

1978
サンボの試合で首の骨を損傷、スポーツの一線から退く

ずっとトップになりたいと思って頑張っていたから、優勝した時は、〝ついに、やったぜ!!〟という感じだったね。浮かれて踊るほどじゃなかったけど嬉しかった

1977年

悔しさがなかったといったら嘘になるけど、この運命を受け入れ、これから先どう生きて行くかって方向にギアを入れ替えて。まずは、リハビリがてら、ロサンゼルスマラソンを走ろうかなって思ってたな(笑)

1979
CCCの大学生部門に配属、ロングビーチ大学の学生達への布教、弟子訓練などに関わる

1980
CCCの働きで知り合ったキャロリンと結婚

1982
日本に戻り、同じくCCCの名古屋支部で働く

1984
長男誕生
東京に転勤

1986
長女誕生

上品で文化系の彼女と下品で体育会系の俺。まるで美女と野獣だけど、俺の心には、ときめきがあった。鳥肌が立つほど好きだっていう想いが。彼女もそう思ってくれていたんじゃないかな。きっと、たぶん、おそらく(笑)

1人目は男の子が欲しかったから、〝おー、やったー!〟と。ついに、俺も親父になったかと。分身というか、ホーランドを受け継ぐやつが生まれたっていうね

生まれたときから色が白くて。すっごく可愛かったんだよね。もうめちゃくちゃ嬉しかったよ

1988	ソウルオリンピックでチャプレンとして関わる
1989	新宿路傍伝道始める アーサー・ホーランド・ミニストリーを設立
1990	洗礼を受けたサンディエゴの同教会で牧師としての按手(承認)を受ける 次女誕生 47都道府県を車で周りながら、路傍伝道

1989年

仮死状態で生まれてきたから、思い入れが強いんだよね。〝やっべー!〟みたいな。なんとか助かって欲しい。神様、助けてください――祈った子であり、祈らされた子だったね

己の信じているものを、確信を持って表現できるのか――今思うと、肝試しのようなものだったけど、間違いなく、俺の表現の土台になっている

1991
三女誕生

「4番目の子どもだけど、歓びと感動は一緒。みんな神様から授かるものだからね。ただ……女が3人になって、俺は肩身が狭くなるなって思った……ような気もする」

1992
7人の若者をつれて十字架を担ぎながら日本縦断
元やくざのクリスチャン集団、「ミッションバラバ」を設立

1993
次男誕生

お茶の水クリスチャンセンター（OCC）主催の「フライデーナイト」に月一レギュラーとして参加（現在も続く）

「やったー！　男の子だ!!」

1995
ミッションバラバのメンバーをつれ、アメリカ西海岸各地で集会

1996
韓国縦断十字架行進

「日本と韓国の間には見えない壁がある。そのスピリチュアルの壁を壊してくれるのが十字架なんだ。この先、日本と韓国の関係が良くなるとしたら、あのときの行進が絶対に役だっている。俺は勝手にそう思っているから（笑）」

ミッションバラバの働きをメンバーに委ね、指導的立場から退く

バイカーを集めてザ・ロード・エンジェルズを設立

100人を超えるメンバーを持つ初めてのクリスチャン・バイク・チームだからね。教会という場所に縛られず、大好きなバイクに乗って、大好きなJESUSを伝える——やっぱり、カッコいいよね

1997

六本木でミュージシャンを呼んで伝道するライブ&トークショー：「ブレッシングナイト」始まる

ライブハウスでロックンロール・メッセージを伝える。冒険だし、新たな試みだったけど、迷いはまったくなかった。なぜか？自分のやってきたことに自信があったからね。今も続いているのが、その答えだと思っている

2000

新宿路傍伝道を取材にきて知り会った利重剛監督の映画、「クロエ」に牧師役で出演

2012

日本縦断（3月11日沖縄〜9月18日宗谷岬）

60歳にしてもう一回、母国・日本を歩き抜こうというね、俺なりに総決算の気持ちもあったんだけど。最後は自分で花道を作るんだ、みたいな。それがまさか、2年後、アメリカを歩くことになるとは……

2013

四国一周（4月7日〜5月8日）

2014

WALK ACROSS USA
スタート
アメリカ、ハワイ　オアフ島一周後、
カリフォルニア　サンタモニカから
シカゴ近郊まで横断

2015

WALK ACROSS USA
ゴールであるニューヨーク　ロングビーチに到達
（6月13日）

あーあ、また言っちゃったよ。俺ってほんとバカだなぁ。でもいまこうして生きていられるのは、アメリカでクリスチャンになったことがスタートだから恩返しの気持ちもあるし、宣言したからにはやるしかない。語らずにして語る――俺はやるよ

2015年

書籍

- 君も心のフィットネス　いのちのことば社／1989
- あなたへのプレゼント　新生運動／1990
- 人生にチャレンジ　いのちのことば社／1992
- リバイバルに火をつけろ!　日本列島十字架行進
いのちのことば社／1993　文藝春秋
- 祈って燃えよ　あなたを変える祈りの力　いのちのことば社／1994
- 親分はイエス様　神と出会ったミッション・バラバの物語
PHP 研究所／1996
- 神様からのラブレター　型破り牧師が贈る愛の辻説法
KK ロングセラーズ／1997
- 不良牧師！「アーサーホーランド」という行き方
いのちのことば社／2001　文藝春秋
- アイアムアーサー!　不良牧師からの伝言 芸文者／2003
- Words of Love　かけがえのない、この日に…　ゴマブックス／2005
- 不良牧師Ⅱ　鉄馬の旅　アイシーメディックス／2006
- 1ミリだけ難しく生きよう!　不良牧師が教える！自分らしい幸せを生きる方法　フォレスト出版／2009
- 不良牧師の愛活 BIBLE　無双舎／2010

映画（年代は公開年）

- クロエ　利重剛監督／2001
- Short Cakes　長澤雅彦監督／2005
- 筆子・その愛 ―天使のピアノ―　山田火砂子監督／2007
- 苦い蜜　亀田幸則監督／2010
- 大地の詩～留岡幸助物語～　山田火砂子監督／2011
- ふうけもん　栗山富夫監督／2014

DVD

- 不良牧師求道の旅　(株)アバン・デザイン　亀田幸則監督／2007
- WALK ACROSS JAPAN　(株)リアルサウンド／2014

NEO BIBLE
『迷える子羊のために』
ジーザスは迷える一匹の子羊のために
99匹を置き去りにしてでも命を投げ出す…オレもそうありたいと思っている…
オレはレスリングの試合中に首を骨折…幸いにも命を拾ったオレはあらためて全てを神に捧げる決心をした
あの…
アーサーさん…
わ…私フーゾク嬢なんですけど…
神はこんな私でも愛してくれるのでしょうか？
コクッ
アーサーさん…
学校で全く目立たないボクでも…？

コクッ
こんな元極道のオレッちでもか？

うわあっ!!

コクッ
本官にも愛を!!

わあっ！

ありがとうございます！

オレたちにも愛を!!

え～っ
元ヤクザだろうが警察官だろうがフーゾク嬢だろうがその人の過去なんか関係ない…

イエス！

迷える子羊がそこにいたら命を懸けて救ってくれた神のもとに導きたい…それがオレの流儀だ！

NEO BIBLE
「はじめに神は天と地を創造した」

オレの相棒は鉄馬!!

オレはコイツと一緒に世界中を駆け回っている!!

その距離60万キロ!地球を15周できる程だ!!

ドドド
ドドドド
In the beginning. God created the heavens and the earth. ―はじめに神は天と地を創造した―

どこまでも広がる青い海も険しい山々も全部神が創ったものだ!!

オレはバイブルの初めに書かれているこの言葉が好きだぁっ!!

バイクで走っているとそれがよぉく分かる!

しかあ~しだぁっ!!

ザッ
バイブルは神からのラブレターである!!
ガッ
それを全て理解しなくてもいいっ!!
ザバババ
自然を愛し自然と一つになれっ!!
そこにはバイブルのメッセージスピリット・ゴスペルが流れているのがわかるはずだ!!
野に咲く花に感動しいま 生きる自分に感動しろっ!!
それがアーサー・ホーランドの生き様だぁ!!

The MAXIMS of ARTHUR HOLLANDS

限《かぎ》りない、
挑《ちょう》戦《せん》に
限《かぎ》りなく
挑《いど》め、よ
ここ
LIFE IS CHALLENGEING

✝限りない挑戦に限りなく挑めばいい

無謀と思える挑戦を終えて、
今はホッとしているというのが正直な思いである。
十字架を担ぎながらアメリカ大陸を歩いて横断したいという思いは
心のときめきから始まった……。

人はときめく生きものである。
「ときめき」とは喜びと期待で胸がドキドキすることをいう。
それが夢となって、ときめく者を夢中にさせていく。

けれど物事には裏と表がある。
希望の裏に失望があるように、
喜びと期待の裏には、悲しみと不安がつきまとう。
生と死の狭間を生きる人間にとって、

BROADWAY BUS LANE
7 AM - 6 PM MON - FRI
BUSES ONLY
& RIGHT TURNS
TRAFFIC ADVISORY
CONSTRUCTION ON
B'WAY AT FULTON ST
Levi's
SHERR EQUITIES
OWNER/DEVELOPER
Broome St
DON'T BLOCK THE BOX
ONE WAY
Simply Orange
SUNDAES
CONES
SMOOTHIES
SHAKE CONES SUNDAES

401
Broadway
TOPSHOP
DON'T BLOCK THE BOX
FREE TICKET

その矛盾こそ人生の宿命である。

作家のマルセル・プルーストは、
「不安は情熱を高め、安定は情熱を殺す」
と述べている。

己の夢を叶えるために挑戦することは、
自分自身を不安な状況へと追いやることである。
しかしそれは、己の情熱を高めていくことにもなる。

夢を実現するには、
志を持つことが不可欠といえる。
その志を保ち続けるには、
情熱と共に行動力が求められる。

目標を持つことは誰にだってできる。

しかし、目標が目標で終わらないためには、
その目標に向かって一歩踏み出さなければならない。

けれど、目標が計り知れなく遠いと心は萎えてしまう。
そんな時は目標を目指しながら、
今日という日を精一杯……、
楽しみながら、歩くことが大事な課題となる。

今、ニューヨークに辿り着いて思うことは、
「あの地道な一歩の積み重ねが、
　この俺をサンタモニカの岸辺からここまで連れてきてくれた……」
という感謝である。

もちろん夢を実現へと至らせるために与えられた、
多くの天使のような人たちの尊いサポートも、忘れていない。

150日をかけて、日々32㎞を歩いてきた旅も、
ゴールにたどりついたその瞬間に、呆気なく終わってしまった。
身を削り続けて歩いた旅を終えて何を得たのか……。
それは、これからの己の人生が、教えてくれるだろう。

「あなたのやったことは、ただの自己満足だ」

と言う人もいるだろう。

そんな人には「自己満足で結構」と言いたい。

俺はわがままなんだから仕方がない。


一つの挑戦は終わりを迎えたが、すべてが終わったわけではない。

これから新たな次の挑戦が始まる……。

さあ、今度は何にときめき、どんなことをやるのだろう。

『終わりのない挑戦に、限りなく挑めばいい……。

そこから必ず生きるためのヒントを得るに違いない』

青虫が脱皮をくりかえしながら
蝶になるように、
挑戦を繰り返しながら
少しずつ成長していけばいい。

NEOBIBLE
「求めよ！そうすれば与えられる」
10代の頃…オレは柔道家であり 悪ガキだった
礼！
自慢じゃないが オレは全米レスリング大会で2度優勝 パンアメリカン選手権で銀メダルを獲得したこともある
その一方で…オレは街のゴロツキ相手にケンカを繰り返していた…
オレの心は…何故か乾いていた…
RRRR
アーサー！岡野だ!!

岡野功先生…昭和の三四郎と呼ばれたオリンピック王者で
オレにとっては絶対に逆らうことのできない恩師だ…
アーサー 今度教会へ行こうぜ!
教会ですか…?
週末…岡野先生に誘われるままサンディエゴにある教会に出向いた
しかし…中に入ってみると…
な…何だ ここは…
年寄りばっかりじゃねえか…こりゃ早いとこ…
ぐっ
え…
アーサー
よく来たわね

その時…オレの身体はやさしい光りに包まれた…
神の愛にくるまれたような気がしたんだ…
どうしてキリストは十字架にかけられたのですか…?
あなたを愛しているからです…
そのあなたの罪の為に十字架にかかってくれたのです
愛?
神はいつもあなたのそばにいて心の扉をノックしています あなたが心の扉を開けば神はあなたの中に入ってきます
ザザザーーン
神はオレを愛しているからオレの罪のために十字架にかかってくれた…
どれだけひどい罪を犯しても「ごめん」って謝っても赦してもらえないような事をしてもジーザスは赦してくれる…
ザザザーン
こんなウマイ話はないよな!

よしっ！
洗礼を受けよう！
1974年
9月29日——
23歳の誕生日を迎えたばかりのオレはこうして神を受け入れた
大阪西成区食堂「春日」
しかし…思い返すと最初に愛をくれたのはおばあちゃんだった
ズズー
ムシャ
ムシャ
美味い料理とおばあちゃんの笑顔を求めていろんな人がやって来た
そう…
オカマの春ちゃんも…おばあちゃんは分け隔てなくすべての人を愛していた…
バアちゃんの料理はいつ食っても最高だな!!
おおきに
そう…

貴方《あなた》の
喜《き》怒《ど》
哀《あい》楽《らく》を
無《む》視《し》
するな。

A SEASON FOR ALL

貴方の喜怒哀楽を無視するな。

頭に来ても大丈夫。怒りが爆発することだってある。己を責めることはない。

人は誰であれ、喜怒哀楽を我が身に秘めている。

悲しい時は涙ぐみ、嬉しい時は喜ぶものだ。

また楽しい時は好きな歌を口遊《くちずさ》み、頭に来た時は怒り心頭に発するものである。


「真理こそ人を自由にする」と魂のロッカーＪＥＳＵＳは語っている。

己の感情を抑えて何も無いかのように振る舞うのは偽善であり、自分に対して失礼である。

感情の浮き沈みは誰にだってある。それはあって当り前なのだ。何も気にすることはない。


「人の為に生きる」なんて格好つけなくてもいい……。

そんなことは「無理だ。嫌だ。できない」と言えばいい。

その方が正直で格好いい。その真実がその人を自由にするのである。

またそこから、いかに自分らしさを持って生きていけばいいのかという知恵が与えられる。

本音と建前を使い分けて生きるのがいけないと言っているのではない。

それも生きる為の知恵であろう……。

けれどそれに慣れてしまっては本当の自分を発揮することはできない。


喜怒哀楽はあなたの中にある真理なのだ。

それを無視すれば一番惨めになるのはあなたなのである。

演技することはない。見栄を張ることもない。格好ばかりつけていると疲れ果ててしまう。

人のことを気にしてばかりいるのではなく、あなた自身の気配りも忘れないことだ。

悲しい自分、頭に来ている自分、そして嬉しい自分……。

それは決して悪いことではない。それが自然な自分の姿なのである。

コア(体幹)トレーニングが話題になっているが、
あなたの心のコアの部分に存在する喜怒哀楽を蔑《ないがし》ろにすることのないように。

あなたの今日の一日が、己の感情に素直になれる一日でありますように……。

『春夏秋冬の季節を味わうように……。あなたの喜怒哀楽を無視するな』

周りや
人《ひと》だけ
無く
あなた次《し》第《だい》

STAY FOCUSED

周りや人では無くあなた次第

追い掛けることはない、自分に自信を持つことだ。
人はどうでもいい、あなたがどうあるかだ。
比較して己を蔑《さげす》むことはない。人が何をしているのかはどうでもいい。
自分が何をすべきなのかを落ち着いて考えてみることである。
人を気にすることよりも、もっと自分を大切にすることだ。
人があなたの人生を生きてくれるわけではない。
あなただけがあなたの人生を生きるのである。

人に裏切られることはある。されど憎しみを耕さないことだ。
「この野郎……」と頭に来ることだってある。しかし恨みを育てないことだ。
「やられたら、やり返してやる」と向きにならないことである。
何もよいことは生まれて来ない。
「復讐してやる……」と無駄なエネルギーを使わないことだ。

ＴＨＥ ＢＩＢＬＥには「復讐はわたしのものと大いなる方は言われる」とある。

委ねることだ。悲しみも苦しみも、切なさも嘆きも、すべて大いなる方に委ねてみることだ。

また、「あなたの思い煩《わずら》いをいっさい大いなる方に委ねよ」ともある。

あなたを思いやってくださる方がいることを忘れないことだ。


いらいらする気持ちはわかる。眠れない夜を過ごすこともあるだろう。

「悔しくて……悔しくて……」と悲しみに打ち萎《しお》れることもあるだろう。

落ち着いてみることである。冷静さを失うことのないように。

感情だけに振り回されないように。自分のやるべき使命を見失わないように……。


初心に返って仕切り直しすることだ。己のやるべきことに集中するといい。

それ以外のことに惑わされることのないように。

無駄なことに心配する時間を費やすことはないように。

あなたはあなたの大切な進むべき道があることを忘れることのないように……。


『課題は目的を果たす為の肥料に過ぎない』

気楽になるのは気持次第
EASY GOING

気楽になるのは気持次第

空模様のように人の心はままならない。
晴れ晴れする日もあれば、曇りのち雨もある。
また、強風と大雨の嵐の日だってある。
元気があるかないかは天気によっても左右される。
「病気」に「元気」、また「陽気」に「陰気」と、
「気」の付く言葉は意外と多い。

ことをなす時は「気合い」を入れるともいう。
物事は気の持ちようによって確かに影響を受ける。
「気兼《きが》ねをしないように……」と相手側の気持ちを察しながら、
気をつかうのは日本人の気質である。

島国で生きる者にとっては、

周りを気づかうことは物事を上手く進めていく秘訣といえる。
しかし、気をつかいすぎて生きることに疲れてしまう人がいる。
負けん気が強く、勝気満々で、やる気十分の人もいる。
そして周りの空気を読めずに気張り過ぎて空回りする者もいる。

「大いなる方は天地を創造された」
とTHE BIBLEにある。
大自然に春夏秋冬を与えてくださる方は、
あなたに喜怒哀楽を感じさせてくれる方でもある。
魂のロッカーは「心を騒がせないように……」と語っている。
また、
「大いなる方は臆するSPIRITではなく、
愛と力と慎《つつし》みのSPIRITをあなたに与えている」とある。
宇宙や自然界に秩序を与える大いなる存在は、
あなたの心にも秩序を与えてくれるのである。

気配りがすぎると気持ちが萎えてしまう。
肩の力を抜いて気楽にすればいい。

誰にも会いたくない気持ちはわかるが、
孤立して己の殻に閉じこもってしまうのは健康的ではない。
ちょっと静まってみれば、話せる人がいることに気付けるものだ。

片寄った自己解釈だけの世界に閉じこもることのないように……。
自分だけが問題を抱えているのではなく、
誰であれ大小を問わず、何らかの課題を背負いながら生きている。

必ずどうにかなる。
今は己との戦いなのだ。
自分を赦すことだ。
起きてしまったことは起きてしまったこととして受け止め、
これも「自分の益となる」と信じることだ。

「あなたの信じるようになる」
とTHE BIBLEも語っている。

気楽にやればいい……。
心配しても何も変わらない。
煮詰まっているうえに更に心配して悩んでも、良いアイデアは生まれてはこない。
機嫌が悪くなれば、それだけ邪気の影響を受けやすくなる。
英気を養う時間を取るといい……。

「求めれば必ず与えられる。また探せば確かに見つけることができる。
そして叩き続ければ間違いなく開かれる」
ともある。
あなたの気の持ちよう一つで、
思ってもみなかった変化が起こることを忘れないように。
あなたの今日の一日が、気分転換になる一日でありますように……。
『突っ張れば突っ張るほど、後手に回ってしまう。
気楽になるのはその人の気持ち次第だ』

心は挫《ざ》折《せつ》を通《とう》して更《さら》に美《うつく》しくしなやかになる

NOTHING IS USELESS

人は挫折を通して更に美しくしなやかになる

焦って慌てても仕方がない。
デンと構えればいい。
不安になるのはわかるが、心配してもどうにもならない……。
落ち着くことである。
人生に失敗は付きものだが、
後悔しても仕様がない……。
現実を受け止めて、前向きに進むことである。

己を責め立てても何も始まりはしない。
気持ちを切り替えていくことである。
人があなたのことをどう思うのか考えても無駄なことだ。
疲れるだけである。開き直ればいい。ドンマイである。

ひとまず仕切り直しをして、もう一度、
自分に与えられている使命は何だったのか再確認することだ。
心が動揺しているのはわかるが、冷静さを取り戻すことである。
何もこれで世が終わってしまうわけではない。

誰が本当の友なのかは、このような時にわかってくるものだ。
「君の親友だよ」と言っていた者が何か問題が起きると、
あっという間に手の平を返して去ってしまうことがある。

落ち込むことはない。
これも人生学習だと思えばいい。
「失敗は成功のもと」と言われるが、
実は「失敗は成長のもと」でもある。
あなたはこのことを通して、更に人としてまた男として、そして女として、
もう一皮むけた、粋な人間味ある者として輝いていけることを忘れないでほしい。

ＴＨＥ ＢＩＢＬＥには「試練がやって来た時はそれを喜びとしなさい」とある。
それは金《きん》が火に焙《あぶ》られ、溶かされ、精錬されるように、
あなたも「試練を通して益々魅力的に輝く者になれるのだから喜びなさい」
と言っているのである。

自業自得の問題もあれば、不条理によって起こる問題もある。
いずれにせよ、問題は問題なのだ。
どのような問題であっても、それが己の成長の為の肥料になることを信じることだ。

魂のロッカーＪＥＳＵＳは、
「心を騒がせてはならない。大いなる方を信じ、わたしを信じなさい」
と語っている。

あなたの今日の一日が、更に飛躍する一日でありますように……。

『人は挫折を通して更に美しくしなやかになる』

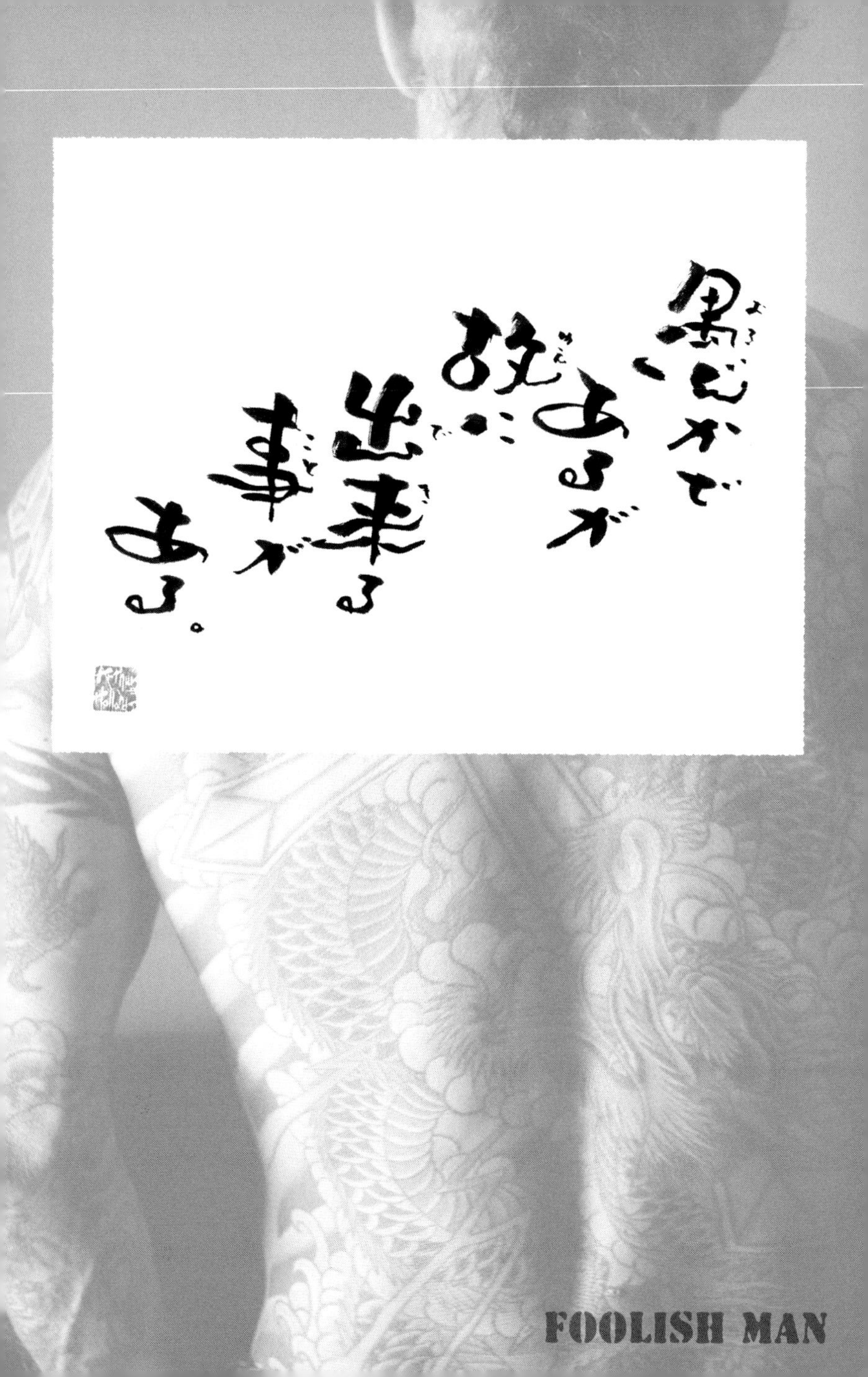
愚《おろ》かで
あるが
故《ゆえ》に
出《で》来《き》る
事《こと》が
ある。
FOOLISH MAN

愚かであるが故に出来る事がある。

人との関係は一筋縄ではいかない。それは簡単なようで実は難しい……。
価値観の違いから大問題になることだってある。
自分が「正しい」と思っても、ある人は「正しくない」とみる。
それぞれが己の考え方を主張するだけで、他の人の考え方を理解しないのだ。

一匹狼になって生きていける人は少ない。
人はみな弱虫なのだ。
突っ張って粋がってはいるが、本当は淋しくて、愛してほしいのである。
見栄を張って格好をつけてはいるが、
実は弱い自分を受け入れてもらいたいのだ。

人は誰であれ「認められたい」という思いを心の中に秘めている。
「素直になればいいのに……」と言われても意地を張ってしまうのである。

また、「正直に自分の気持ちを言えばいいのに」と言われても、
言わずに察してほしいのである。
そして、「やりたいようにやればいい」と言われても、
ゆがんだプライドが邪魔をするのである。

「自業自得だ」と言われればその通りである。

「甘えている」と言うならばそうなのである。

「天邪鬼《あまのじゃく》」と言うのであれば、それは間違いないのだ。


できた人ではなく、できない奴でいい。

格好いい人ではなく、格好悪い奴でもいいのだ。

常識をわきまえた人ではなく、わきまえないだらしない奴で結構なのである。


THE BIBLEには「大いなる方は愚かな者を通して知恵ある者をいましめる」とある。

賢いと思われている人が世を変えるのではない。

愚かさを認めている奴を通して世は変えられるのだ。

常識的な人間ではなく、愚か者と思われる人を通して
見たことのないことが起きるのである。
世間受けする人が世間に影響を与えるのではない。
世間から捨てられたどうしようもない愚か者が世間に慰めと癒しを与えるのである。

宗教家が人々に神を知らしめるのではない。
大いなる方は愚か者を通して、自らの存在を人々に明らかにするのである。
格好をつけるよりは格好悪くあれ。粋がるよりは野暮《やぼ》な己を曝《さら》け出せ。
突っ張ってしまう己を受け入れて、見栄を張る愚かな自分を抱き締めてやれ。
だって愚かな人間を愛しているが故に、
ＪＥＳＵＳは十字架に架かってくれたのだから……。

あなたの今日の一日が、恵を味わえる一日でありますように……。

『己の愚かさに気付くことだ。
それは愚か者を愛して止まない、大いなる方に気付くことでもある』

「愚か者」と言われたら、ありがたく思え。
愚かであるが故にできることがある。
愚かであるが故に人は救いを見出だせる。

あなたは見《み》捨《す》てられない

あなたは見捨てられない

「神様。わたしは地獄に行ってもいいですから、子供と母だけは救ってくださ い……」

と、日記の最後に「遊女」は祈りのことばをつづっていた。

そんな日記帳三冊を「読んで始末してください」と手渡されたのである。

めくっていくページ一枚一枚の中に、言いようのない儚《はかな》さ、

辛さ、そして苦悩が読む者の心を暗く染めていく……。

遊女は好き好んで体を売っているのではない。そうせざるをえない境遇にいるのである。

「そんなことはやめなさい」と善人は言うであろう。

けれどその善人は遊女の生活の面倒をみてあげられるのだろうか。

「指名料一万六千円。ウーロン茶五百円。今日の稼ぎはTOTALで……」

日々稼いだお金の計算までがその日記の中に書かれている。

世の中ではひとりひとりが、それぞれの仕事にたずさわっている。

また働きたくても仕事を得ることができない人、生活保護に支えられて過ごす人。そしてこの遊女のように、己の身をけずり、
良心の呵責《かしゃく》を覚えながら、生きていかざるをえない者もいる。
だれが責められよう。一体だれが批判できよう。我々は他人を蔑《さげす》む資格などない。
遊女の目がだれよりも澄んで見えるのはなぜなんだろう。
神から離れているようで、実はどんな信者よりも神の近くにいるように見えるのは、
俺が堕落しているからなのか……。

人は好き勝手に何でも言える……。根も葉もない噂を真実であるかのように。

オシャレに装い、プライドを胸に偉そうに生きている者もいる。

お金は必要であろう。確かにないよりはあった方がいいだろう。

けれど、なければ生きていけないのかというと……、どうにかなるものである。


夜のとばりがおりたある日、ひとりの客がその遊女を指名してこう問いかけた。

「あなたはクリント・イーストウッドが好きか?」

「いや、あまり……」と彼女は答える。

「では、JESUS CHRISTは好きか?」もう一度、問う。
自らJESUSを信じながら、矛盾の中をさ迷うこの女に、
その客は一千万のお金を差し出し、「どうぞこれを受け取ってください」と手渡した。
世にはけちな金持ちがいるが、けちではない貧しい者もいるのだ。
後にその客が、「JESUSを信じて洗礼を受けたいんです」と
その女と共に俺のもとにやって来たのである。
今、二人は結婚して子供と母親を支えながら、魂のロッカーを慕《した》い生活している。
人の人生というものは不思議なものである。

「大いなる方はあなたを行くにも帰るにも、今よりとこしえまでも守られる」
とTHE BIBLEにある。
またJESUSは「わたしは決してあなたを見捨てない」と語っている。

あなたの今日の一日が、守られ導かれますように……。

『空気があなたを包むように、大いなる愛があなたを包んでいる』

NEO BIBLE
「お前らは神に愛されている」
新宿駅東口前交差点
オレは魂のロッカーだ! しかし……
どうすればこの人達に福音…ゴスペルを伝えられるんだ…?
ドッ
ん?
ドッ
信号待ちの時間は45秒か…

こ…これだ!!
信号が赤から青に変わるまでの45秒…これが神からオレに与えられた時間だ!
原宿竹下通り
ダサイ格好じゃ話を聞いてくれない…
キーワードは〝ファッショナブル〟だ
ジーザスが地上に帰って来る時は
「白の麻地」だったな…
さて…
白のスーツに合うネクタイは…
ピンストライプ平和の緑…
ジャパンカラーの青…違うなあ…
新宿ぅ〜新宿ぅ〜
赤だ!
真っ赤なチーフとネクタイはジーザスの血潮の色だ!!

新宿交差点
よ…よ〜し
いくぞ…
やっぱりダメだ…
やめちまおう…
神様…この信号が
永遠に赤でありま
すように…
アーサー!
来た!
畏《おそ》れるな!
おののくな!
この声は!?
オレもお前と
共にいる!!
ジ…ジーザス!!
よ…
よしっ!!
皆さん
こんばんわ!
私はアーサー
ホーランドです!!
えっ…

神よ力を…
あっ…
あなたは…
あなたは
愛されていますっ!!
へへへ 何を言うのかと思えば…
何か面白そうなニイちゃんがいるぞぉ～
あ…
You are loved!
「お前らは愛されている!」
ジーザスはオレを愛してくれている! そしてお前ら全員を愛してくれているんだ!
で…できたっ!

休《やす》むことは良《よ》く働《はたら》きをする秘《ひ》訣《けつ》

TIME OFF

休むことは良い働きをする秘訣

疲れている時はまったりすることだ。
いらいらしていてはあなたの中にある魅力が曇ってしまう。
落ち着きをなくしているのなら、ちょっと息抜きをするといい。
張り詰めてばかりいると、心も萎えてしまう。

焦ることはない。休むことは生きていくために大事なことである。
無理をしても良い働きはできない。
もちろん、無理をすることが必要な場合もある……。
けれど限度というものをわきまえることだ。
「怠慢になれ」と言っているのではない。
我慢して頑張り過ぎると、やっていることに支障をきたしてしまう。
また無理して結局は、後で周りに迷惑を掛けることになる。

TOKYO KEIKI SEIZOSHO CO.,LTD.
TOKYO JAPAN
AHEAD
DEAD SLOW
STAND BY
STOP
FINISHED WITH ENGINE
FULL
HALF
SLOW
ASTERN
DEAD SLOW

いい加減の匙《さじ》加減は確かに微妙であり、甘味も苦味も味わった経験がものを言う。
成功した時よりも、逆に失敗をした時の方が人は学び、また成長する。
やりたいことが、やらなくてはならないことになってしまうと、
それをやっている自分が惨めになってしまう。
生き方に緩急を付けることだ。
そしてそれは人それぞれ異なるものである。
やっている本人に喜びと充実感がなければ、どんなに成果を上げても意味はないのだ。

THE BIBLEには、

「心に喜びがあれば顔色を良くする。心に憂いがあれば気はふさぐ」とある。

その人の表情や振舞いから醸し出される香りが、人を元気づけることを忘れないことだ。

魅力を放って生きている者は生き方にめりはりがある。

無理をし過ぎない程度に無理をして、休み過ぎないように上手に休む術を持っている。


忙しくしているだけでは燃えつきてしまう。

焦って慌てるよりは、じっくりまたゆっくり……、と一歩一歩進んでいくことだ。

「千里の道も一足ずつ進むなり」と五輪書の中にも書いてある。
休むことに罪意識を持つことのないように。

創世記には「大いなる方は天と地を六日間で創造され、七日目には休まれた」とある。
大いなる方に休みが必要ならば、あなたに少なくても一週間に一日は
何にもせずに体を休める日があってもいいはずである。

魂のロッカーJESUSも、
「重荷を負って疲れている者はわたしのところに来なさい。
わたしがあなたを休ませてあげる」と語っている。
働くには働く為の意気込みが必要なように、休むにも休む為の意気込みが必要である。

あなたの今日の一日が、じっくり、まったりとくつろげる一日でありますように……。

『休むことに罪意識を持つことはない。一生懸命、物事に打ち込んだ後は
気持ちも体も心も休ませてあげることだ』

物《もの》は己《おのれ》の目《もく》的《てき》のための手《しゅ》段《だん》にしか過《す》ぎない

THINK ABOUT THINGS

物は己の目的のための手段にしか過ぎない

「思いここにあらず」という言葉がある。

今、ここにいるのだけれど、実はいない……。

体は現実にここにあるのに、心は別の場所にあるのである。


昔、宇宙に飛び立って、月を歩いた宇宙飛行士たちが地球に帰還した後、数日間、隔離された場所で地球に順応する為のＡＤＪＵＳＴＭＥＮＴ（調整）の時をもった。


今は便利な時代になった。飛行機で二〇時間以上かかる地球の裏側の人とリアルタイムで会話できるのである。

誰かのことがふっと気になったら、すぐにメールで「元気？」と連絡してつながることができる時代なのである。

文明は確かに進歩しているが、気になるのは文化が蔑《ないがし》ろになっていくことである。

近頃は「ここにいるんだけどここにいない」という人が多くなったようだ。
今、目の前にいる人と会話しているのに、
違う人のことを想っているということはある。
そういう意味では我々の脳の働きには驚かされる。
結局、今使われている便利な物は、その脳の発想から作り出された物である。

閉じ込められた社会の中で、人は当然のように自由を求める。

自由に生きる為にルールが作られる。けれど、そのルールが逆に不自由さをもたらす……。

良い物が良くない物になり、良くないと言われていた物が良い物になる。

理屈を並べて説得し、人を納得させようとする流れの中に我々は生きている。

次から次へと新しい物が作られ、今まで愛着を持っていた物を平気で捨てて、
次の新しい物へと移っていく。


「物や事には価値があるが人間には尊厳がある」とカントは述べている。

物事を大事にするあまり、人の価値が無視されている時代である。

技術の発展は人と人の距離感をなくしてはくれたが、

物や事には価値がある。

されど人には尊厳がある。

逆に物に捕らわれ過ぎて、目の前にいる人の気持ちを理解しないようになってしまっている。

端末の奴隷にならないように。依存するあまり不安にさいなまれないように。

思いだけに任せて、目先の与えられている役割を忘れないように。

焦って、慌て過ぎないように……。


「静まって、わたしがあなたを愛する大いなる存在であることを知りなさい」

とTHE BIBLEは教えている。

魂のロッカーJESUSは、「見よ、わたしはあなたの心の扉をたたいている」と語っている。


自分を見失いやすい社会にあって、我々もADJUSTMENT(静まる)の時が必要である。

そこで現実と非現実の調整をするといい。

今、俺も大陸を歩くことで島国に生きる調整をしているところである。

あなたの一日が忙しさの中にあっても、静まることのできる一日でありますように……。


『物が目的なのではない。物を己の目的の為の手段にすることだ』

JOY OF SERVICE

仕えられるよりは仕えること
与えられるよりは与えること

人生は一度きり、失敗は成長のもとである。挑戦すればいい。
夢を描くことは誰にでもできるが、
夢を実現させるには行動することが必要である。
「願えば叶えられる」というが、
願いが叶うのを待っているだけではどうにもならない。
己ができることをまずはやってみることだ。
「人智を尽くして天命を待つ」のだ。

「行動のない信仰は死んでいるのと同じである」

と、THE BIBLEは教えている。

「全世界に出て行ってGOOD NEWS(良き知らせ)を伝えなさい」

と語られた魂のロッカーは自らの権威を脱ぎ捨てて、

下僕《しもべ》となって我々のもとに仕える者として来てくれたのである。
我々の魂をもてなすことを喜びとし、
はては十字架にまで架かってくれたのである。

もてなされることを喜ぶ以上にもてなすことを喜ぶことだ。
仕えられるよりは仕えた方がいい。
もらうよりも与える方がいい。
何かを自分がやってあげているのではなく、やらせて頂いているのである。
それは尊いことであり、ありがたいことなのだ。
サービスの祝福は、サービスを受けている者よりも、
そのサービスを行なっている者にあるのだ。

サービスの源である魂のロッカーＪＥＳＵＳは、
ＴＨＥ ＢＩＢＬＥの教えで最も大切な教えは、
「心と思いと知性と力を尽くしてあなたのアイデンティティの源であり

仕えられるよりは仕えること。
また与えられるよりは与えること。
それは損をすることではなく、
得をすること。

天地万物のデザイナーである大いなる方を愛すること、
そして自分自身を愛するようにあなたのとなり人を愛することだ」
と語っている。

天国は、みんなが仕えあうことを喜びとする場所である。
けれど我々は、天国に行ったことがないのでわからない世界である。
JESUSは「天国はあなたの心の中にある」と語っている。

邪気が流れる弱肉強食の娑婆《しゃば》にあって、
またある時は地獄のように思えるこの浮世において、
あなたは台風の目のような心の中にさわやかな天の都の風を感じながら、
また穏やかな平安を味わいながら、
世の為また人の為に喜びを持って仕えていく者になれるのである。

大いなる方は今日もあなたに仕えてくれている。
空気があなたを包んでいるように、

大いなる存在は問題を抱えて悩み苦しむあなたを抱き締めてくれている。
そして「心をさわがせないで、わたしを信じればいい」と優しく囁《ささや》いてくれている。

この仕える方をあなたのハートに意識するといい。
今日もあなたをもてなしてくれているこの存在は、
あなたにも仕える喜びを思い起こさせてくれるに違いない。

今日という日があなたにとって、仕えることが喜びとなる日でありますように……。

『ためる・にぎる・まもる、よりは
あたえる・ささげる・ときはなつ、ことを実践してみるといい』

誇りは
謙《けん》虚《きょ》さが
必要である。

PRIDE AND HUMILITY

誇りには謙虚さが必要である。

日本を考える時、アメリカとの関係を考えさせられる。
七〇年前は互いに殺し合っていた敵同士であった。
今は同盟国の協定を結んでいる。
けれどその関係は平等で対等な関係とは言えない。

そこには、戦争に勝った国と負けた国との複雑な関係がある。
それは今も両国の間に影響を与えている……。
大国と島国とが戦い、最終的には原爆を落とされて決着をつけられた。
結局は尊い命を両国とも失うこととなる。

戦争は、「やられたらやり返す」からはじまる。
「なめるな。無礼者！」という怒りが拡大していく。
両者とも国を上げて義の為に戦うというが、

何を義というのだろうか……。
そしてその「義の名」のもとに多くの命が犠牲になった。

戦後は平和条約が結ばれ、同盟国として日本は多大な支援を受け、
米・魚・漬物からパン・ステーキ・チョコレートを食べるようになった。
浴衣からジーンズとTシャツへと着るものは変わり、洋楽に親しみ……、
一時はあれだけの憎しみを持っていたアメリカに対して、
今度は憧れを抱く世代が育った。
しかし自国に誇りを持つ日本人は減ってしまった……。
あんなに横文字の国の価値観を拒否していたのに、
チューインガムを噛みながらその国の映画を楽しむようになった。
廃墟となった日本はその復興の為に、
廃墟にしたアメリカの支援を受けざるをえなかった。
今の平和が本当の平和なのか考えさせられるのは俺だけなのだろうか……。

物や事には価値がある。
されど人には尊厳がある。

日本人の日本人らしさ、とは一体何なのか。
アメリカ大陸を歩いて横断しながら、
今の便利で安全で安心な国と言われる日本を思う時に、
複雑な気分にさせられてしまう。

文明は確かに進歩したのかもしれない。
しかし尊い文化は忘れ去られてしまった。
日本人の母を持ち、アメリカ人の父を持つ俺は、幼い時差別されたが、
いつの間にかハーフとして羨ましがられるようになった。

俺の中では、今も日本とアメリカが戦っている。
本音と建前が融合しながらいい加減を見つけようとしている。
俺自身が複雑なように、
アメリカと日本の関係も複雑なのであろう。

「自立」と言っても、

何十年も続いた状況から方向を変えるのは至難の業である。
ＴＨＥ ＢＩＢＬＥは「我々の国籍は天にある」と教えている。
互いに天を見上げ、欲から解放される謙虚さが求められている。
戦争をする者たちに勇気があるといっても、
謙虚さに欠けてしまえば徳にはならない。
両国にはその謙虚さが求められているのかもしれない。

あなたの今日の一日が、複雑な中にあっても
謙虚な姿勢を見失わない一日でありますように……。

『誇りは謙虚さを忘れると暴走してしまう』

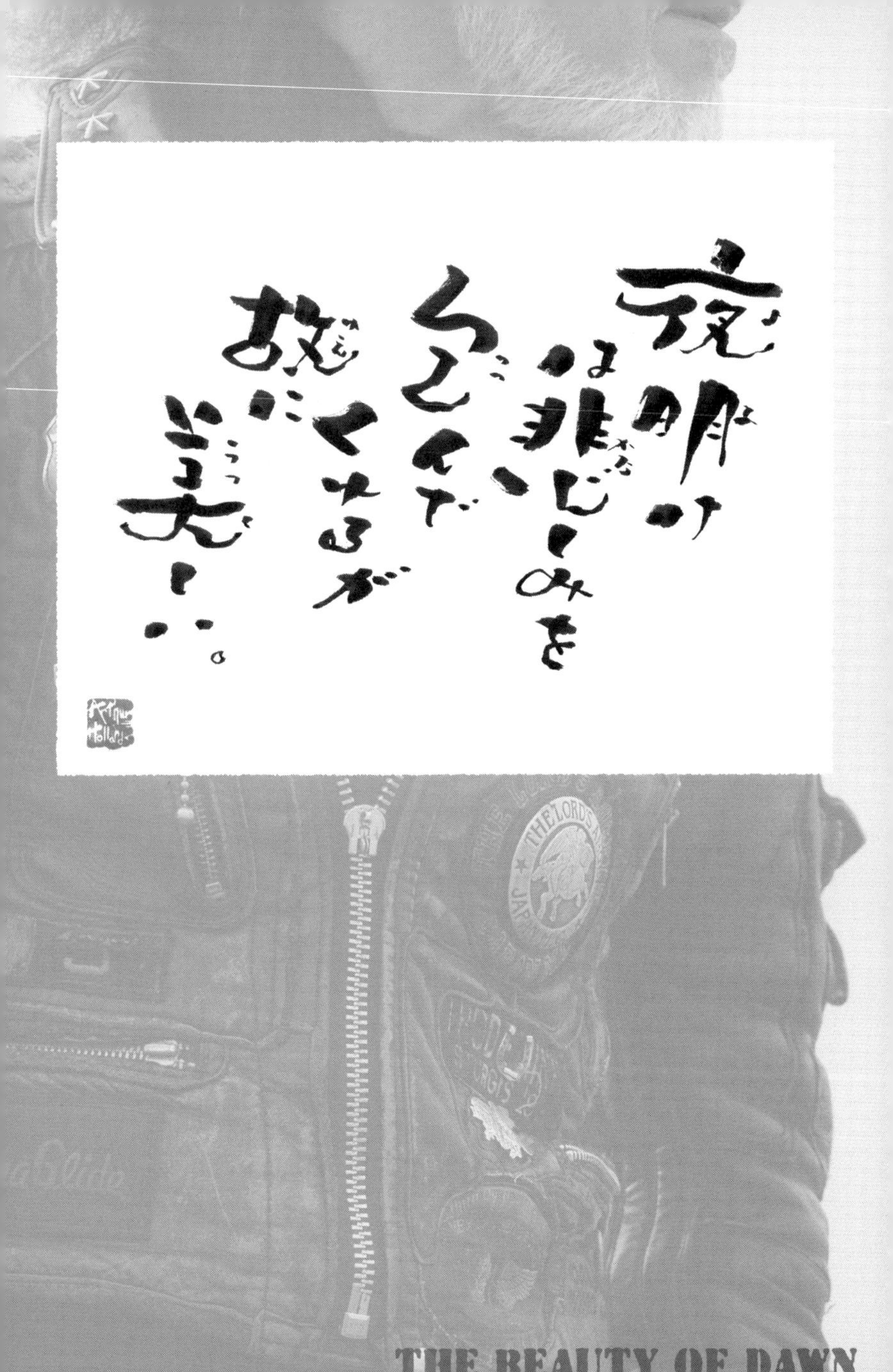

THE BEAUTY OF DAWN

夜明けは悲しみを包んでくれるが故に美しい。

まだ夜明け前の暗い中、JOPLINの町外れからST.LOUISに向け歩き始めた。
朝焼けが空を染め始めるまでの時間は
暗さのせいもあって、なぜか複雑な思いに駆られる。
けれど、この時間に進まなければ、後で暑さとの戦いが長引いてしまう。

いろいろな思いをめぐらせて歩いていると、急に反対車線の路肩に車を止めて、
俺の方に走り寄って来る人がいる。
まだ夜明け前の暗い時間なのでちょっと不安になったが、
俺よりも少し年上風の男性が泣きながら、
「わたしにもその十字架を担がせていただけませんか。
わたしもJESUSが背負ったように十字架を担ぎたいのですが……」
と頼みに来るのである。

「もちろんですよ。どうぞ」
と、その十字架を彼の肩にのせて共に歩いた。
彼は泣きじゃくりながら、
「わたしの娘が二十八歳の若さで、
五年前に二人の子供を残してこの世を去ってしまったのです……」
と聞きもしない身の上話を打ち明けてくれたのである。

「彼女の名前をわたしはDAWN(夜明け)とつけたのです。
だって夜明けは美しいから……」
と、亡くなった娘への愛する思いを聞きながら、しばし、彼と歩いた。
「私は彼女を失ってから、苦しくてまた切なくて、
どうすることもできなくなっていた時に、
JESUSに助けられて、その試練から立ち上がることができたのです。
彼女のおかげで私はJESUSに出会えました。
だからあなたを見た時に感動して、私も十字架を担がせて頂きたいと思ったのです」
と涙ながらに語ってくれたのだ。

夜明けは悲しければ悲しいほど、
美しさを増す。

彼と別れた後、しばらくの間、今、起きた出来事を思い巡らしていると
目の前に美しい朝日が昇り始めた。
毎日のように美しい夜明けを見ながら感謝の気持ちで一日を始めていた俺だが、
その日の夜明けを見ながら
「夜明けは美し過ぎるあまり、今のあの人にとっては悲しみを感じさせるのかな……」
という思いがした。

美しいのに悲しくて、
また嬉しいのに淋しくて、
そして楽しいけれど実は不安で、
すべては上手くいっているようで、実はこの先どうなるのかわからない……。
そんな思いがよぎる矛盾の中で人は生きている。
人生はそういうものなのだ。
その現実を受け止めていくには一生かかるのであろう。
それでもあなたは生きて行くことだ……。

命ある限り一歩一歩……。
生き続けることだ。
苦しいのはあなただけではない。
誰もが皆、それぞれの十字架を背負っている。

「誰でもわたしについて来たいなら、自分の十字架を負うてついて来なさい」
と魂のロッカーＪＥＳＵＳは語っている。

その重み、その苦しみ、その切なさに悲しさ……。
ＪＥＳＵＳはすべてをわかってくれている。
また必ずあなたを助けてくれる。
そして、これからもずっと傍らであなたと共にいてくれる。

今日の一日があなたにとって、希望が与えられる一日でありますように……。

『夜明けは悲しみを包んでくれるが故に美しい……』

ROCK
魂《たましい》を
ときめき
踊《おど》らせる。

SPIRIT OF ROCK

ROCK魂をときめき踊らせる。

「ROCKとは、とさまざまな人がその定義を語るが、
わたしにとってROCKのSPIRITとは、
たとえ世間があなたを批判し世論があなたを否定しても
己の志した道を恐れずに突き進むことである」
とROCKの殿堂入りを果たしたKISSのメンバーのひとりが語った言葉である。

闇雲に世間に反発をしているのではなく、
世の中の常識に対して「それはおかしい」また「違うと思う」と
己の意見を主張しているのである。

「原発」にしても様々な人が色々な考えを持ってそれぞれの意見を主張する。
賛成をする者もいれば反対する者もいる。
物事の見方、また考えを論理的にまた丁重に説明して説得しようとする人もいる。

しかしＲＯＣＫの生き方は、それでは納得がいかないのである。
民主主義とは聞こえはいいが、言っていることと現実に行っていることに何か臭いものを感じる。

社会は平和をスローガンにするが、不安を抱えている人が多くいる。
ＲＯＣＫのＳＰＩＲＩＴは偽善者ではなく、無法者の生き方である。
法律を無視するというのではなく、
法律が形になる前の源であるＳＰＩＲＩＴを求道しているのである。
「優れた芸術作品には言うに言われないあるものが表現されていて、
これに対しては学問上の言語も実生活の言葉もなすところを知らず、
ぼくらは止むなく口を噤《つぐ》むのではあるが、
一方、この沈黙は空虚ではなく、感動に満ちあふれているから、
何かを語ろうとする衝動を押さえがたく、
しかも口を開けば嘘になるかもしれないという意識を眠らせるな」
と語ったのは芸術評論家の小林秀雄である。

JAPAN

音楽は本来、感性に訴えかけるものである。
舞台で映画でまたステージで……、
そして戦争にも音楽は駆り出されて来た。

ROCKは生き方であり、SPRITである。
それは理屈ではなく、心のときめきである。
説明するものではなく、生き方そのものなのだ。

人から何か言われたから、されたから、「はいわかりました」と
簡単にやめてしまえるものではない。
ROCKは己の心の波動であり、体に流れる脈なのだ。
ROCKERはどこにいてもそれを感じ、
誰もそのSPIRITを打ち消すことはできないのである。

ROCKERは預言者であり、世論とはまったく違ったメッセージを訴える。
聴衆に媚びず、我が道を命を惜しまず突き進む、

人は誰であっても
ROCKのSPIRITに感銘を受ける。
それは呼吸せざるを得ない
空気のようなもの。

「馬鹿な奴」と言われる、天使に等しい族《やから》なのである。

THE BIBLEには、
「魂のロッカーJESUSが命を懸けて(我々)罪人の為に十字架に架かってくれた」とある。
そして「死に打ち勝ちよみがえられた」とある。

「世には試練がある。けれど勇気を出しな、俺は世に打ち勝ったのだから」
と語ってくれた方である。

この「わたしが道であり、真理であり、命なのだ」
と語られた方こそKING OF ROCKなのだ。
あなたに知恵と力を与え、憐《あわ》れみと恵みを持って包んでくれるのである。
あなたの今日の一日が、心の中にROCKを感じられますように……。

『無法者は偽善に対して戦いを挑む者である』

NEO BIBLE
「神とのデート」
聖書《バイブル》にはこうある…
神は10分の1を捧げましょうと…
オレはそれをこう受け止めた
アーサー 一日一回でいい…2分間バイブルを読み3分間祈りなさい
はぁ…
合わせて5分か…
それならオレにもできそうだな…
気がついた時オレは聖書《バイブル》を読破していた…そして――
よし!
次は旧約聖書に挑戦してみよう!
バイブルは全部で1189章ある
1189÷365は…え〜と
毎日4章… 旧約を3章 新約を1章読めばいいのか…

こうして一年後
オレはバイブルを全て
読み終えた…
ドドドドドドドドドド
オレはオレ自身との
闘いに勝った！
しかし…
おっ アーサー
聖書読んでるか？
ちなみに一日どれ
くらい読んでるの？
オレかっ!?
オレは毎日 一日
4章読んでるぜ！
なぁ〜んだ
それっぽっちか〜
可愛いいねぇ〜
何だと…
僕はねぇ〜
一日に10章は読ん
でるよ！
アッハッ
ハッハッハッ
オレはその日から
一日10章読むことを
誓った！
ぬあにぃぃぃ〜
そう…オレは負けず
嫌いなのである!!

ザザザー
神に10分の1を捧げましょうか…
これってどういう意味だ…?
う〜ん
そ…そうか!!
わかったぞ!!
捧げるのはお金じゃなくても良いんだ!! だったらオレは時間を捧げよう!!
24時間の10分の1は2時間24分! そう! これは大好きな神とのデートの時間だあっ!
イエ〜ッ
オワアァァァ
アハハハハハ
POPCO

2年後
あの～
アーサー先生
どうしたあ？
これにサインを
いただけますか？
いいとも！
HOLY BIBLE
オホン
どうかなさ
いましたか？
お前は
まだまだだな…
ホラ見てみろ
オレの聖書を！
あの…
アーサーさん
この子は一ヵ月に
3回も読み返すから
すぐボロボロになって…
つい最近買い替えた
ばかりなんです
その日からオレは
メシを食う時もクソ
をする時も聖書と
共にあった
一ヵ月で…
3回
だと…
はいっ！
オレは神に惚れている
オレは神に愛されている
そして――そう！
オレは誰よりも
負けず嫌いなのだ!!

無理だと思う
時こそ
新たな
発想が
生まれる。

BAD CAN BE GOOD

無理だと思う時にこそ
新たな発想が生まれる。

時に悪いことは続くものだ。そういう時は踏ん張るしかない。
「男は義理と人情と痩せ我慢」また、「女は愛嬌、男は度胸」という言葉がある。
物には裏と表がある。光があるが故に影があるように……。
人生、良い時もあれば、悪い時もあるものだ。

「禍福《かふく》は糾《あざな》える縄の如し」という言葉がある。
悲しみに喜び、不安に平安、不幸に幸福は糾う縄のようである。
強い縄は二筋のねじった藁《わら》を交互に組み合わせて作られる。
甘みも苦みも味わった人間こそ人の気持ちがわかる者になれる。

人生七〇年また八〇年と言われるが、そんなに長くはない。
永遠とくらべたら、

それは蒸気のようにあっという間に消え去っていく年月である。

「悔いのないように生きる」と頑張っても悔いは残り、

「自然体に生きよう……」と思っても気張ってしまう。

人の為また世の為といっても自分のことで精一杯である。

現実には、理想とはほど遠い自分に気付かされる。


「やってあげたい」と思うことがやれずに、やらなくてもいいことをやってしまっている。

格好をつけても格好悪くなり、夢に向かって進んでも夢だけで終わってしまう……。

人生の虚しさや矛盾の中でもがく己がいて、生きることが面倒臭くなる時さえある。


それでもいい。そんなことはあなただけではない。

腐る気持ちに逸《はや》る思い……けれど焦っても仕方がない。

人それぞれの寿命があり、一人一人が限られた命をこの身に宿らせて生きている。


慌てることはない。苦しい時は苦しいものだ。

悲しい時は悲しいのである。苦しくも悲しくもないように振る舞うことはしないことだ。

泣きたい時は泣けばいい。深く悲しんだ人ほど強く喜ぶことができる。
またたくさん涙を流した人ほど、多く笑うことができるのだ。
ねじられた藁が切れない強い縄になるように、
人もまた試練の中で練られて味のある魅力的な存在となっていくのだ。

ＴＨＥ ＢＩＢＬＥには「大いなる方は耐えられない試練をあなたに与えない」とある。

「本当かよ……」と言いたくなる時がある。

「もうこれ以上無理だよ」と弱音を吐くことだってある。

「必ず大いなる方は脱出の道を備えてくれる」とあるが、

「どこにその出口があるの……」と愚痴ってしまうことだってある。

泣く者と共に泣いてくれる魂のロッカーは「わたしが道だよ」と語っている。

本当か嘘か試してみても損はしないだろう。


あなたの一日が影を通して光の存在に気付ける一日でありますように……。

『無理だと思う時にこそ、新たな発想が生まれる』

臍《へそ》の緒《お》が
切《き》れても
心《こころ》の緒《お》は
母《はは》と繋《つな》がって
いる

MOTHER'S WOMB

臍《へそ》の緒が切れても
心の緒は母と繋がっている

昨日は長野県の山奥、高峰高原から軽井沢を抜けて、東京へと愛馬《バイク》を駆って帰って来た。

「自然の中にこそ美がある。それは現実的なものの上に様々な形となって見出される」

と語ったのは、ギュスターヴ・クールベである。


人間は生活の中で疲れを覚えると、自然の中に浸りたくなるものだ。

山奥の中に入っていくと、母の子宮の中に戻っていくような感覚になるのかもしれない。


自然と対照的な娑婆《しゃば》では、人は不安と不信の中で生活している。

人を押し退けながら必死に生きる故に疲れ果ててしまう。

己の存在価値を認められようと努力し、精神を磨り減らしている……。


母の胎内で安全に守られ、安心して過ごしていたのに、臍の緒が切れた時から、不安や恐れを抱きながら自立への道を歩んでいかざるをえなくなった。


どのような境遇に生まれてくるかは人それぞれである。

貧しさの中で育てられる人もいれば、豊かさの中で育てられる人もいる。

ある人は厳しさの中、ある人は優しさの中で育つ。

自分が生まれて来た環境に文句を言っても何も始まりはしない……。


「あの人はああなのに、なぜ、わたしはこうなの……」と嘆いてもどうにもならない。

しかし己と他人を比べて、

「不公平だ。どうしてわたしだけが……」と不満な思いを発してしまう。


「金ではない」と善人顔して、ある人は言うが、

「でも、やっぱり金でしょ。お金がなければ結局は何もできないでしょ……」

と、人は愚痴ってしまう。

また「何の理由でわたしは今、ここにいるのだろう」と疑問を持ちながら生きる者もいる。

誰が悪いのか……、と犯人探しをするのではなく、

また己の不幸の原因探しをするのでもない。
今の現実を受け止めて、
自分が「何をどうしたいのか」を考えて行動するしかないのである。

母と自分を結んでいた臍の緒が切れても、心の緒は繫がっている。
母なる大地といわれる自然の中に浸りたくなるのも、
無意識的に子宮の中にあった安心感を取り戻す為であるのかもしれない……。

そこで観る景色や風景、またそこに漂う香りや新鮮な空気……。
鳥のさえずりに、虫の音、煌《きらめ》く星々に、月光、そして夕日に、朝日……。
人は本質に触れる時に、生きる為の理由を見出していくようである。

「わたしはどこから来て、どこに行くのだろう。
そしてわたしは何の為に生きているのだろう……」
という心の奥底にある切なる思いに駆られる。
ＴＨＥ ＢＩＢＬＥには「大いなる方が天と地を創造された」とある。

ダビデ王は、
「大いなる方は、わたしを母の胎の中で編み上げて下さった」と語っている。
そしてJESUSは「空の鳥、野の花を見よ」と語っている。
自然は母の子宮のようであり、大いなる方からの慰めと癒しであり、
己の存在価値に気付かされる場所なのだ。
あなたの今日の一日が、自然の中の美から励ましを受ける一日でありますように……。
『問題から、暫し遠ざかり、静かなる処《ところ》で己と向き合うことだ』

CARE FOR YOUR HEART

心の豊かさは容姿に現れる。

日々をいかに過ごすかは、一人一人の課題であり責任である。
今日も都会の人込みの中で、
人々は早足にどこかへと向かっていく。
人はそれぞれにやることがあるのだ。
それがやらねばならないことなのか、
またやりたいことなのかは、一人一人様々である。
人はどれだけ自分のやっている仕事を楽しんでいるのかと考えてみると
「楽しむ」と言うよりは、ゆとりなく仕事に「追われている」という感じがする。

人の表情は心の中にある状況を正直にあらわしている。
心配ごとや不安な気持ち、また恐れや苦しみは
無意識的に顔や動作にあらわれてしまうのである。
ＴＨＥ ＢＩＢＬＥの中には、

「水に顔が映るように心も人を写す」

という言葉がある。

心に満ちているものは、必ず人のたちふるまいや言葉にあらわれるのである。

たとえ建前と本音を上手に使い分けても、
その人の心は騙すことはできない。
「病は気から」と言うが、心の持ち方は体の免疫力にまで影響を与え、
必要のない病気をもたらすことさえある。

聖書は我々が健やかであることを奨励している。

要するに、度が過ぎる負担を負うことの無いようにと励ましを与えている。

またやれることをやったら、後は大いなる方に委ねることが大事だと語っている。

物事を楽しくやるのと、歯を食いしばって苦しんでやるのとでは、
精神的にも肉体的にも己に及ぼす影響は大きく異なるのである。
忙しさの中で心を亡くしてしまうのではなく、

忙しさの嵐の中にあっても、台風の目のように
心を豊かに保つ術を身につけることだ。

走り続けると息があがってしまう。
ほどよいペースを見出すことだ。
それは人の意見に振り回されるのではなく、
自分で悩みまた考え、何が大切で何を自分は本当にやりたいのかを見つけていくことである。

人生に訪れる試練を否定的に思うのではなく、
更に自分が自分らしくなれる為の大切な課題だと思えばいい。
生活の中での挫折や苦しみ、また切なさや悲しさは、
すべてあなたが飛躍し輝く為にあると受け止めることだ。

あなたの一日が、あなたを更に魅力的にする一日でありますように……。

『嵐の中でこそ本当の自分に出会える』

最《さい》後《ご》は
好きか
嫌《きら》いかで
決《き》める
ことだ。

PARADOX OF TRUTH

最後は好きか嫌いかで決めることだ。

迂闊《うかつ》だったと反省することがある。
しかし今更、後悔しても後の祭りである。人生は後悔の繰り返しだが、
人がどうのこうのではなく、己の配慮の足りなさを認めることだ。

物事に慣れると緊張感をなくしてしまう。
でも緊張感があり過ぎると精神的に参ってしまう。
心の秩序を保つのは容易なことではない。
理想と現実の狭間で没頭と葛藤を繰り返しながら、時だけが流れていく。

己を責め立てても仕方がない。開き直って言いわけすることでもない。
善と悪の二者択一で物事のすべてを決められるなら、苦労はしない。
善と思えるものが悪であったり、悪と思えるものが善であったりする。

人は浮世の価値観に流されやすく、何においても慣れてしまう習性を持っている。
要するに、影響されやすいのである。

何をどう見て、その善し悪しを決めるかは人によって様々である。
そこに世間体や常識という「定説」のようなものが加わると、一層複雑になる。
しかし、そんな一人一人の心の中に
エンジンを正常に走らせる為のキャブレターのような良心というものがある。

「人は大いなる方のイメージに似せてDESIGNされ、
その方の息吹によって命ある者となった」とTHE BIBLEにある。
その大いなる方の真心を反映しているのが良心と言えよう。

今は忙しい時代である。故に人は「心を亡くし」生きている。
更に己の良心が鈍ってしまっている。
それが物事の判断や決断に支障をもたらしている。
見えない真理と向き合うには、まず己自身と向き合うことだ。

偽善者になるよりは、
素直に己の弱さを認める罪人であれ

「わたしは良いことをしたいと願いながら、それができず、
そうではない、良くないことをやってしまうのである。
こんなわたしを大いなる方よ、あわれんでください……」とパウロは祈っている。

己の弱さを知ることで、人の弱さをわかってあげられる者になれる。
魂のロッカーは柔和でへりくだった方である。
「わたしが来たのは罪人を招くためだ」と語ってくれてもいる。
あなたの重荷、また苦しみ、そして悲しみを知り、
今日もあなたの傍らでその苦痛を共有して歩んでくれているのだ。
十字架は正にそのSPIRITのあらわれでもある。

今日という日があなたにとって、心に安らぎを得ることができる日でありますように……。

『正しいか間違いかで決めるより、最後は好きか嫌いかで決めればいい』

装置《そうち》に
依存《いぞん》する
よりは
自然《しぜん》に
浸《ひた》る
ことだ。

装置に依存するよりは自然に浸ることだ。

見ることより聞くこと、また聞くことより読むことを忘れないことだ。
ソファーに座ってテレビの画面に流れる様々なくだらない番組を見て、
一日楽に過ごすことはできる。
たまに何かいい番組を見るのはいいが、
ほとんどはくだらない、時間の無駄になるようなものばかりである。

それよりは、クラシックの音楽や、
歌詞のない落ち着くことができるBGMを聞きながら読書するといい。
もっとイマジネーション（想像力）を養うことだ。
そこからあなたの思いもよらないインスピレーションが与えられる。
GYM《ジム》のランニングマシーンで歩いたり、走ったりするよりは、
風景を観ながら外を走った方が遥かにリフレッシュされる。

UNDER

時間や場所の制限故に便利な物が開発され、
それを使って生活することに我々は慣れてしまった。
ちょっとの時間、その装置をＯＦＦにしてみるといい。
いかにうるさい、また下品な奴らを、
画面を通して己の部屋に入れていたのかに気付かされる。
我々は必要のないもの、また、自分の為にならないものを、つい招き入れてしまうのだ。

どうしてやるべきことをやらずに、やらなくてもいいことに時間を取るのだろう。
また、なぜ何もしないうちに一日が終わってしまうのだろう。
そしてなぜ一日の終わりに無駄な時間を使ってしまった……、と嘆くのだろう。

己を責め立てることはないが、反省することはいい。
己を蔑《さげず》むことはないが、そこから学ぶといい。
後悔をすることはないが……、気を付けることだ。
あなたの大事な時間を無駄な時間に変えようとする誘惑は絶えず訪れる。
何でもかんでもが駄目なのではない。

何が自分にとって好《よ》いのか経験を通して吟味することだ。
今日、己が感じ、学んだことを教訓にすることだ。

浮き世の流れに流されてしまわないように。
世の価値観にもてあそばれないように。
自分の感性を磨くことを忘れないように。

ＴＨＥ ＢＩＢＬＥに、
「大いなる方の大庭にいる一日は千年のようであり、千年は一日のようだ」とある。
限られた時間の中で、その時間の世界を越えた時間的感覚というものがある。
限られた時の中に過ごしながら内なる魂が解き放たれて、
宇宙を巡って帰ってくるような、
何とも言えない豊かさと充実感に満たされることは可能である。
そんな時は心に生かされていることへの満足感が満ちあふれてくるものである。
何げなく見聞きしていた装置のスイッチをＯＦＦにすると、静けさが戻ってくる……。

すると、今まで聞こえていなかった鳥のさえずりやセミの音、鈴虫の音また風が林や森を駆け巡る音が聞こえてくる。

音楽とは音を楽しむと書く。画面だけに捕われないように……。窓から見る外の景色の方があなたに感動を与えて心をときめかせてくれる。装置への依存からしばし離れて、自然にあるものを見つめ、また触れ、そして浸るといい。

「私はいつもあなたと共にいる」と約束してくれる魂のロッカーのＳＰＩＲＩＴに触れられるに違いない。

あなたの今日の一日が、千年分の充実感を味わえる一日でありますように……。

『かけっぱなし、つけっぱなしは好くない。ＯＦＦにしてみることだ。必ずほっとするから』

絶望《ぜつぼう》は
希《き》望《ぼう》への
トンネルに過《す》ぎない。

Arthur Hollands

絶望は希望へのトンネルに過ぎない。

天気は晴れることもあれば荒れることもある。雨や雪や嵐だってある。我々の生活もそんな天気と似ている。

予報が外れるように、我々の生活においても予測がつかないことが起きてしまう。忘れてならないのは、荒れている空の上には青空と暖かい日差しが存在していることだ。

日々の生活には予期しないことが起こるものである。

人は何かを期待して生きるが、期待通りにならないとがっかりするものだ。

一人一人に様々な生き方がある。

物事を肯定的に考える人もいれば、否定的な人もいる。

誰が悪いのでもなく、人とはそういうものである。

気が合う人や合わない人は誰にだっている。「皆が同じ」などありえない。

育った環境は似ているようでまったく違う。

両親がいる家庭にいない家庭、また片方はいるがもう片方がいなかったり、中には身寄りがまったくない人もいる。


厳しく育てられたり、また甘やかされたり……暴力や喧嘩《けんか》が絶えない家であったり、素朴で質素な家であったりと、ちょっとしたスパイスが食べ物の味を変えるように、人も様々な人生のスパイスを味わって今、存在している。

共感できる人もいれば、会っているだけでイライラする人もいる。

そこにその人といるだけで気分が悪くなることもある。

そんな違いがあふれる社会の中で、みんなに認められることはありえない。

自分が生まれ育った環境や生活の中で育まれた価値観は、今のあなたの性格に多大な影響を与えていることは否めない事実なのだ。


何が正しくて、何が間違っているのかという考え方も、自分が味わった生活の中での体験が軸になっている。

自分にとっての真実は、己が実体験したできごとなのだ。

厳しく育った者にとって甘えることなど考えられなかったり、逆に甘やかされて育った者にとっては、厳しさに耐えられなかったりする。

生きることは自分について知ることでもある。
自分が気付いてなかった大切なことに
気付かされることでもある

人は己がかけられている秤《はかり》によって他の人を計っていくのである。
あなたが人に対して思う気持ちや行動であらわす態度こそ、
あなたの中で育まれて来た体験に基づく価値観であり、生き方なのだ。

「人間」とは人の間と書くが、人との出会い、またその人への誤解を通して
我々は己の中に宿っている真の姿を垣間《かいま》見せられていく。
人を赦《ゆる》せない原因が己を赦せないことだったり、
傷つけられたその傷がトラウマとなって、
何も悪いことをしていない人に、怒ったり恨んだりする。
「類は友を呼ぶ」と言うが、良い意味でも悪い意味でも
似た者同士が集まるのである。
共感することがあっても、傷をなめ合うことはない。
意見の違いがあっても、心配することはない。
売り言葉に買い言葉は何の解決にもならない。
気の合わない人と無理に合わせることはない。

また気の合う人だけと四六時中一緒にいないといけないと思う必要もない。

「俺はお前の友達だ」と口で言う人は多いが、行動でその友情関係をあらわす友は少ない。

無理をして友達になるのはやめよう。

本当の友は心の中でわかるものだ。

「友（JESUS）があなたの為に命を捨てるという。
これよりも大きな愛は誰も持ってはいない」とTHE BIBLEは教えている。
あなたのすべてを知り、また見下すことなく、ありのままのあなたを愛し、
受け入れてくれている魂のロッカーの、あなたへの想いを知ってみるといい。

今日の一日が傷付いた心に、何とも言えない平安を感じられる一日でありますように……。


『生きることは知ること。

辛かったことや嬉しかったこと、悲しかったことや楽しかったこと……。

いいことも、またそうでないこともすべて受け止めてあげること』

ROUTE
66

NEO BIBLE
「右の頬を殴られたら」
神は言う…
右の頬を打つ者には
左の頬も向けなさいと…
しかし…
新宿歌舞伎町
歌舞伎町一
ジーザスはぁ…
ん
神だぁ？
アホくさ！おらぁっ！
通行のジャマだぁっ
どけっ!!
ちょっと…
何するんです
か!?
殺すぞ
コラぁっ
!!
おっと！
うわぁっ!!
オジさんさぁ～
殴りかかるなら
せめて話聞いてから
にしてよ～
オレは
アーサー・ホー
ランドだ
いつもここで神の声
を皆さんに届けている
んだ
神の使いとしては
不良の部類だけ
どね…

LAWSO
やられたらやり返す…それがオレの主義だ…神様が離れていく？ バカ野郎！オレの神はそんなちっぽけな存在じゃねぇ！
チ…並んでやがる…
ピッ
おいオッサン！オレの後に並びな…チョイと急いでいるんだ
ワリィなぁ〜
ボクちゃん…順番はキチンと守ろうね
我慢だ…アーサーお前は聖職者なんだから…
オッサンよ…このオレをナメるとただじゃ済まないぜ…
ボクちゃん…
オレは売られたケンカはいつでも買うぜ！
え…
オレの我慢には限界がある
この元全米レスリングチャンピオンのアーサー・ホーランドがなあっ!!
ああ…またやっちまったぜ…オレはなんて罪深い男なんだ…しかし神はそんなオレに対しても困ったヤツだ…とは思っても最後は赦してくれるのだ…
オレは…そんな神《ジーザス》を心から尊敬している…

NEO BIBLE
「深みに漕ぎ出して網を下ろしなさい」
ある日 小舟に乗った漁師が浅瀬で漁をしていた…
漁師が網を引き上げるが
魚は一匹もかかっていない
またオケラかよ～
その時ジーザスは弟子である漁師にこう言った
「深みに漕《こ》ぎ出して
網を下ろしなさい」と…
漁師が深みで網を引き上げると魚が大量にかかっている
その時オレの心に神の言霊が響いてきた
歌舞伎町
アーサーよ…日本で一番の深み…新宿歌舞伎町に網を下ろして「魂」を獲ってみろと!

おお〜ジーザス！
ここに居る人はギンダマ（銀玉）に捕えられています
どうぞ あなたのコトダマ（言霊）に捕えられますよぉにぃ〜
ここでは皆 酒を飲んで酔っていますが
あなたのスピリットに酔えますよおにぃ〜
居酒屋
神様…
ここにいる人たちは肉体的な一体感を
求めていますがあなたとの愛の一体感を体験できますように…
you you
8500
1800円
オレは神に愛されし男 アーサー・ホーランド!!
誰よりも神を愛するジーザス依存症だぁ〜〜〜〜!!

人生は
不安て
平安が
入り交る
旅である。
ALWAYS A JOURNEY

人生は不安と平安が入り交る旅である。

人生は自分探しの旅ともいえる。

迷うことはあるし、上手くいかないことも多々ある。

「俺は一体何をしているのだろう……」と悩むこともあれば、

「もう、どうでもいい」と投げやりになり、
志を持ってやっていたことを、「やめたい」という煮詰まった気持ちになることがある。


旅は冒険だ。思い通りにならないが故に己は刺激を受ける。

不安と戦いながら途方に暮れることもある。孤独が友となり、悲しみが仲間となる。

涙が流れ、溜《た》め息をつくこともある。

人生は難儀なものだ。
でもそこに起こる様々な問題を問題とみなすよりも、
自分自身がもっと人として輝くための研磨作業だと思えばいい。

遠くにある何かを求めて生きるより、
大切な答えは既に己の中にあることに気付くことだ。

物事が何でもかんでも上手くいっていることが幸せなのではなく、
何もかもが上手くいかず「もう駄目だ」という思いの中から生まれる、
いい意味でのあきらめこそ、幸せの本当の意味を教えてくれる。

無理するなと言われても人は無理をしてしまう……。
「駄目だ」と言われると、なぜかやりたくなってしまうのが人の習性である。
頭ではわかっているつもりだが、現実に止められないのがこれまた人間なのだ。

聖人君子などこの世にはいない。
ただ、いると思っているだけで、
それは砂漠に起る蜃気楼《しんきろう》のようなもので幻覚にひとしい。
理想を求める一方、現実の中で我々は己の弱さを知り、
「本当の強さとは一体何なのか……」に気付かされていく。

旅に不安は付き物だが、
それに優る平安にも必ず出会える。

正直であることだ。
悲しいくせに悲しくないように振る舞わないことだ。
人は騙《だま》せても、自分は騙せないものだ。
「直心《じきしん》は菩薩《ぼさつ》の浄土なり」と親鸞《しんらん》は語っている。
要するに正直な素直な心こそ、
天の祝福を地獄のような娑婆《しゃば》の中で味わえる秘訣《ひけつ》だというのである。

魂のロッカーＪＥＳＵＳは、

「真理はあなたを自由にする」

と語っている。

「見えない遠くにある」真理はつかみどころがない。

けれど、あなたにとって理解できる身近な真理は、

「今、わたしは悲しい、辛い、苦しい、赦せない、あの野郎……」

という嘘のない、己の正直な思いで、それこそ真実といえよう。


そのような気持ちがあるのに、何もないかのように自分に対して不真実にならないことだ。

辛い時には「辛いよね」と自分に言ってあげればいい。
その真実を受け止めるところから、不思議と束縛からの解放が始まっていく。
見えない真理を追求する前に……、
まずはあなたの心に見え隠れする真理を受け止めていくことだ。

己を責めることのないように……。

「お前はバカだ」と言われて来たかもしれないが、

「大丈夫だよ。辛いことはあるけど、大丈夫。必ず上手くいくから」

と自分に言い聞かせてあげるといい。


あなたの今日の一日の旅が、更にあなたを成長させる日となりますように……。


『人生に人生の意味を問うのではなく、人生があなたに人生の意味を問うている。

その答えを見出す旅を人はしている』

悩《なや》めることを
悩んだ後《あと》は
なる様《よう》になれと
こころえば
いい。

GIVE IT ALL

遣れることを遣った後はなる様になれと言えばいい。

「なるようになる」、それは間違いのないことであろう。

けれど人智を尽くさずに天命を待つことはできない。

やれることは精一杯やることだ。気張ることではなく、また背伸びすることでもない。

とは言っても、一生懸命に物事に取り組めば無理をしてしまうものだ。

ただ、「失敗は成長のもと」とあるように、体験しない限り物事の限度を知ることはできない。

人生はある意味で「やってなんぼ」の世界である。

口で説明し、夢を語るのは簡単にできる。しかし、大事なのは身を持って行動することだ。
結果にこだわるのはわかるが、
その結果に至るプロセス過程が重要であることを見落としてはならない。
魂のロッカーJESUSは「心と思いと知性と力をもって愛しなさい」と語っている。

気張らず、また驕《おご》らず、全身全霊を持って挑むことである。

百戦錬磨の勇士は戦うことによって鍛えられ、多くの経験を積んでいくのである。

不安があるのもわかる。また恐れを抱いてしまう気持ちも理解できる。

プライドが邪魔をして守りに入ってしまうことだってある。

人の目を気にし過ぎると、己の中にある良さが出にくくなってしまう。

人の評価に振り回されないように……。何をするにも感謝の気持ちを忘れないことだ。

世の為、また人の為、そして己の人となりの成長の為に今日を生きることだ。

まずはやれることを真心を込めて精一杯やってみるといい。そこから始めてみるといい……。

人の意見に左右されるより、自分自身が己を評価できる者になれ。

反省し、また挑戦し、そして仕切り直しして、没頭と葛藤しながら挑めばいい。

「七転び八起き」という言葉もある。最後の最後まで、やってみないとわからないものだ。

納得がいくまでやってみるといい。その後は「なるようになれ」と己に言えばいい。


あなたの今日の一日が、充実した一日となりますように……。

『やった後はただ、黙って、人が感じたいように感じさせてあげればいい』

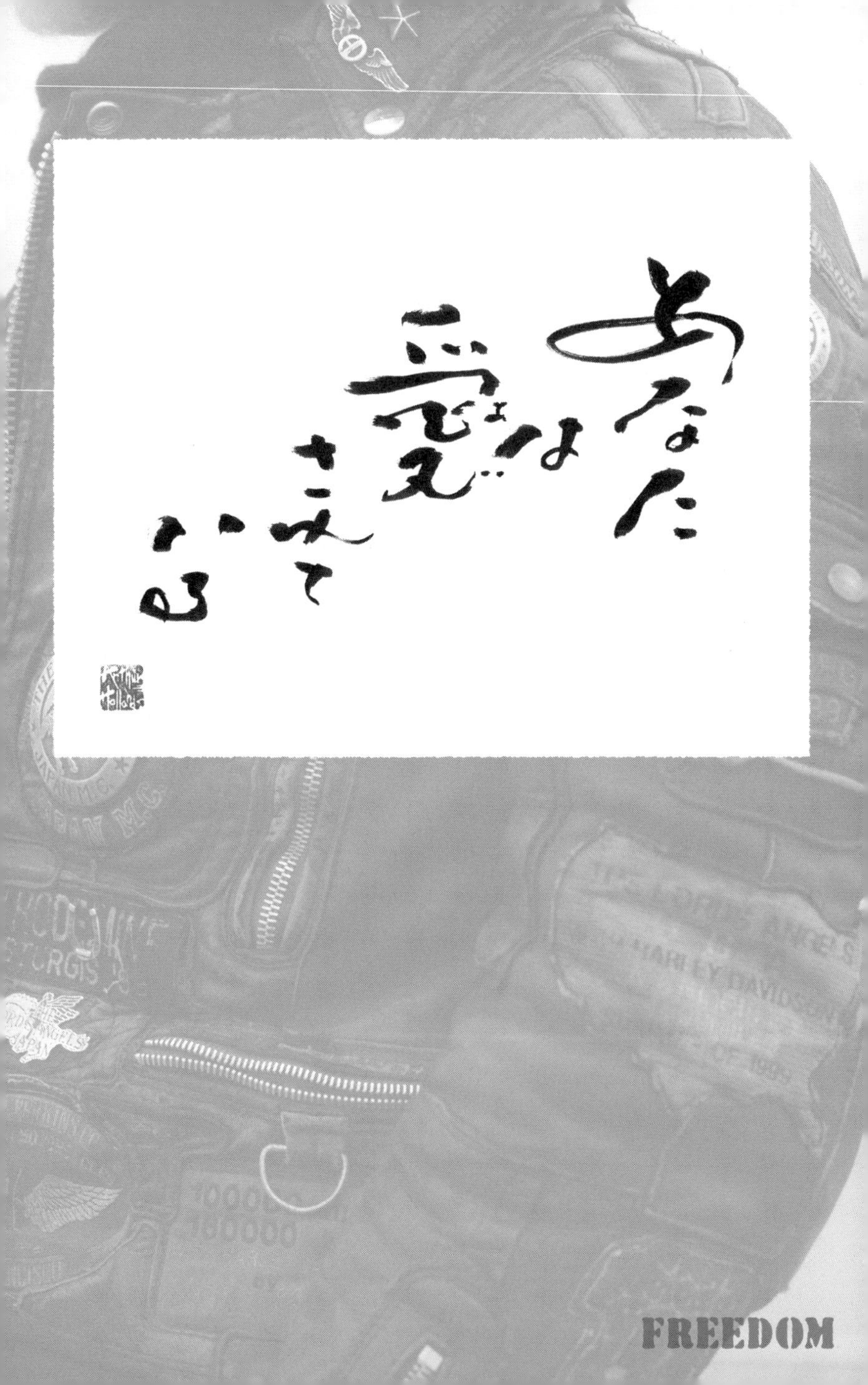
あなたは愛されている
Arthur Holland
FREEDOM

あなたは愛されている

逃げることはない。立ち向かっていけばいい。
嘘をつくことはない。正直であればいい。
要領のいい人にならなくていい。不器用であればいい。
人の真似をしなくてもいい。自分らしくあればいい。

悪賢くなる必要はない。馬鹿正直であればいい。
卑怯者にならなくていい。素直であればいい。
「愚か者」と言われようが気にすることはない。
自分に真実であることだ。

魂のロッカーは歌う。
「真理はあなたを自由にする」と。
口がうまい詐欺師にならない方がいい。

何も言わず行動であらわす者になればいい。

人に認められようと媚《こ》びることはない。

もっと自信を持てばいい。

人に安っぽくみせることはない。自分に誇りを持つことだ。


人生の失敗も成功も、あなたの評価は神の目からは変わらない。

「わたしの目にはあなたは高価で尊い。わたしはあなたを愛している」

とＴＨＥ ＢＩＢＬＥは教えている。

自分の信念を曲げることはない。
また生きることを妥協することもない。
悲しみや苦しみも、切なさや辛さも、
それが自分の素直な気持ならその真実と向きあえばいい。
必ずそこから自由と解放が起きるに違いない。

刑務所に入れられたある受刑者は友人や知人に、

「どうしようもない奴」として見捨てられてしまった。
人生は問題にぶつかった時に、誰が本当の友なのかを知ることができる。
「友と名乗る人は多いが本当の友は少ない」とＴＨＥ　ＢＩＢＬＥにはある。

けれどその受刑者の母親が面会に訪れ涙を流しながら彼に、
「人がお前のことを何と言おうとも、お前はわたしの息子だよ。
わたしはお前が変わることを信じている……」
と言ってくれたのである。

この言葉に心打たれた彼はこれ以上母親を悲しませたくないと思い、
生き方を変える決心をしたのである。
今は刑務所から出て立派な会社の社長として、
人を大切にしながら一生懸命に働いている。
人には色々な過去があるものだ。
それらすべては益となることを忘れないでほしい。
過去を嘆いても始まらない。

自由な人はわがままなのではない。
素直なのである。

そこから立ち上がって進むしかない。

途方に暮れることはあるだろう。後悔することだってある。

けれどそれらすべてを肥やしにして一歩踏み出していくしかない。


生きることは鮭が逆流を上っていくのと似ている。

流されるのは簡単だが逆境を経て新たな命を生み出していくしかない。

人生は我々に決して不公平ではない。

授かった命は人生で招いてしまったさまざまな問題を乗り越えていく力を与えてくれる。

あなたの傍らに、あの受刑者の母親のように
あなたを信じてくれている尊い存在がいることを忘れないように。
今日という日があなたにとって、
もう一皮むけたあなたになれる日でありますように……。

『試練があなたを強くする。問題があなたを自由にする。

どんなことがあってもあなたは愛されている』

どんなことがあっても感《かん》謝《しゃ》
GIVE THANKS

どんなことがあっても感謝

ＴＵＬＳＡを背にＲＯＵＴＥ66の道を、ＣＬＡＲＥＭＯＲＥそしてＣＨＥＬＳＥＡと歩いた。

のどかな田舎の風景は見渡す限り緑におおわれている。

途中で見かけた牧場では馬たちが楽しそうに駆け回り、
牛たちは対照的に少しも動かず牧草を食べながらまったりとしている。

馬も牛も十字架を担いで通りすぎる俺をじっと不思議そうに見つめている……。


数日前のＮＥＷＳの影響もあって、多くの人たちが、

「写真を撮ってもいいですか。凄《すご》いことをやっていますね。

わたしたちの為に、歩いてくれてありがとう」と声を掛けてくれる。

またある人は、

「あなたの姿を見て励まされました。これでおいしいものでも食べて下さい」

と、お金まで置いていく。

こちらは足の痛みと暑さに耐えながら歩いて、落ち込んでいたのに……。
己の惨めさとは裏腹に、俺の姿を見た人たちは慰められ、
また励まされているから不思議である。

自分の思っていることと、周りの人が自分を見て感じていることには
違いがあることを忘れてはならない。
自分は無力を感じているのに、
そんな自分を見る人たちが励ましを受けているのだ。
また己は自分に嫌気が差しているのに、
そんな自分に人は慰められているのである。
「自分は駄目だ」と思ってるのに、
「あなたの姿を見て救われました」と言うのである。
「語らずにして語る」ことは思いもよらない方法で人に伝わっていくようだ。
何も話さなくても、また説明をしなくても、わかる人にはわかるようである。
ある人はあなたの使命と志を、あなたが何も言わなくてもその行動する姿を見て、
察知してくれるようである。

人生は不思議なものだ。

人々があなたを好きになってくれているのに、あなた自身が自分を好きになれないでいる。

人があなたを認めてくれているのに、あなただけが自分を認めることができないでいる。

人があなたの存在に励まされ、また慰められているのに、
あなた自身があなたを愛することができないのだ。


人の見る目と、自分が自分を見る目……。

見つめているものは同じでも、受け止め方がまったく逆なのである。

ＴＨＥ ＢＩＢＬＥは「あなたが弱い時にこそあなたは強くなれる」とある。
強がって突っ張るよりは、己の弱さを素直に認めるものであれ。
格好つける自分より、格好悪い己に気付くことだ。
なしとげて得た名声にあぐらをかくのではなく、
何もできずに自信がなかったころの自分を、もう一度思い出してみるといい。
自信を持つことは大事ではあるが、自信過剰になると足をすくわれる。
謙虚な気持ちを忘れないことだ。

自分を人よりも優れていると思い込んでしまわないように……。
自分ができることをただ、忠実に一つ一つ、一生懸命にやればいい。
達成できたことも、またできなかったことにも、感謝の気持ちを忘れないことだ。

「いつも喜んでいなさい。絶えず祈りなさい。どんな時にも感謝しなさい……」
と本の中の本、ＴＨＥ ＢＩＢＬＥは教えている。

今日の一日に感謝。また出会った人に感謝。
そして失敗を通して教えられたことにも感謝。
更に嫌な自分に気付けたことに感謝することだ。
罵《のの》り蔑《さげす》むよりは感謝することを忘れないことだ。

あなたの今日の一日が、感謝できる一日でありますように……。

『どんなことがあっても、一日の終りに感謝することを忘れないことだ』

感謝することは、
起きてしまった嫌なことが、
必ず益になることを信じる証《あかし》でもある。

死《し》ぬまで成長できる
人になるまで魅力的であれ。

死ぬまで成長できる灰になるまで魅力的であれ。

やる気のない者が人にやる気を起こさせるのは無理である。
ましてや、感動のない者が人に感動を与えることはできない。

素直になることと己が弱くなることとは違う。
正直になることは敗北を意味することでもない。
人の目を気にし過ぎると自らの気持ちを蔑《ないがし》ろにする。
自分を大事にできない者は周りの人を大事にすることはできない。

何もそんなに心配することはない。
どうしても否定的になってしまう気持ちはわからないではない。
けれど、その態度を放って置くと最後に惨めになるのは自分自身なのだ。

「やらなくてはならない」という思いは理解できる。
その思いを「やりたくてたまらない」という思いに変えていくには
一体何が必要なのか冷静に考えてみるといい。

媚《こ》びることはない。

たとえ、「あなたは非現実的だ」と言われても、「それで結構です」と思えばいい。

人に何を言われようが気に留めることはない。

「人に批判されたくなければ、何も言うな。何もするな。何者にもなるな」

とアバンギャルドな芸術家で知られる岡本太郎は語っている。

あなたの熱き思いが人の目や意見によって変えられてしまうものなら、
己自身の中に「ある」と思っていた志また使命は、
実は「なかった」のかもしれないと受け止めるしかない。
しかしどんなに己の人生に問題の嵐が起ろうとも、
志また使命がある者はいかなる難題も、また試練さえも必ず乗り越えていける。

問題のない人生などありえない。失敗しない者など逆に信用できない。

人は苦しんで挫折することによって人間味ある人間に変えられていくのだ。

恥ずかしくなることはない。自分の中にある醜さを受け止め、己の愚かさを認めることだ。

弱い者こそ強くなれる。失敗した者こそ成長できる。

苦しみ悩んだ者こそ、もう一皮剥《む》けた魅力をかもし出せる「粋な人」に近づける。


「駄目な奴で結構」。「堕落者」と言われても気にすることはない。

あなたはあなたなりに精一杯生きることだ。

まずは自分がやれることから始めればいい。

周りと比較する必要はない。

あなたはあなたなりに今日から勇気を持って一歩踏み出せばいい。


あなたの一日があなたを更に成長させる一日でありますように……。

『死ぬまで成長できる。灰になるまで魅力的であれ』

NEO BIBLE
「ハレルヤ」
沖縄国際ストリート
最高に面白かったのは沖縄だ
あなたは愛されています!!
え!?
あ…あなたは!?
新聞であなたの事を知って沖縄に来たら手伝おうと思っていたのよ
それともこんなオバちゃんはイヤ?
と…とんでもない!
大歓迎だぜ!!
よぉし!次はあそこへ行こうぜ

こんな場所で何する気なの？
まぁ見てなって！
すぅぅ～
ハレルヤ!!
な…何だ!?
ワーッ
オレは東京から来たアーサー・ホーランドだぁ!!
よろしくなぁ!!
東京だって…すっげぇなぁ
何だか知らないけど面白そうだぜ
お前らは…

お前らは
愛されている!!
愛……
……
オレの流す一滴一滴の汗は お前らへの愛なんだ!!
おおー
すげえっ!!
アーサー!
アーサー!
先生…あの人は?
あんなチャラチャラした男が…牧師?
人の善し悪しは姿カタチじゃない…
ムキムキマンだぁ〜
うぅ〜
大切なのは魂のカタチなんだ
私と同じクリスチャンで…
牧師さんだよ
あの人は本物だ
その証拠にホラ生徒がいつの間にか心を揺さぶられている…

ジーザスは魂のロッカーだぁぁっ!!
アーサー!
お前らもそんなジーザスとロックンロールしてみないかっ!!
す…
すごい…
アーサー!
いいかあーっ!!
ド
人生は偏差値じゃねえっ!人生はジーザスだぁぁ!!
ウオーーッ
オレはジーザスの宣伝マン!どこにでも出向いてジーザスを語る
アーサー!
アーサー!
普通の牧師じゃ語れない事を語り みんなの心に火をつける…それがオレの務めだ!!

あとがき

俺が尊敬してやまない、魂のロッカーであるＪＥＳＵＳ
の活動期間は３年半。
彼が歩いたのはユダヤ・ガリラヤ地方を中心とする、
四国程の狭い地域であり、
俺のようにアメリカ大陸や韓国半島、日本列島を横断、
縦断したわけではない。

地位や名誉を求めることなく、
どこの誰がどのような基準で選ぶのかもわからない勲章
などもない。

今を生きることを教え、またどう生きるか模範を示し、

その生き様を全うした人であった。

けれど、まわりにいた者たちによって
彼のことは語り継がれ、
世界の隅々にまで広がり、
いまだに多大な影響を及ぼしている。

彼自身は1冊の本も出さなかったが、
彼について語られた書物はどんな本にも優《まさ》り、
いまだに増え続ける一方である。

そんなJESUSのことを思うと、
「語らずして語る」といいながら
何冊もの本を著している自分に矛盾を感じる。
己の我《が》、野心と妬《ねた》む心に失望し、

CONCLUSION

途方に暮れてしまうのである。
それゆえ、この本を読んでくれたあなたに
恐縮してしまう。
そして、こんな俺のことを知り尽くし、
愛し続けてくれる魂のロッカーJESUSは、
永遠に頭の上がらない存在であり、
感謝の気持ちでいっぱいである。

最後に、この本が世に出るために
多くの人たちが関わり、支援してくれたことに
心より「ありがとう……」と言いたい。

アーサー ホーランド
U.S.A.にて

m&m's
WORLD

UNTURNED.
CHEVROLET
紅
寶
NEW YORK
sbarro
CALZONE ENTREES ESPRESSO
SANTA MONICA

撮　影：ラディッシュ、伊藤ハム太郎、Chad Nakabayashi
漫　画：出沢昌平
編　集：工藤晋、工藤菊香（K PRODUCTION）
編集協力：宮本小百合
デザイン：中村方香
イラスト：梅桃のん

アーサー・ホーランド　公式サイト
http://arthur-hollands.com/

ROCK'N'ROLL BIBLE　不良牧師Ⅲ

2015年10月10日　初版第1刷発行

著　者　アーサー・ホーランド
企画編集　株式会社リアルサウンド
発　行　小学館スクウェア
〒101−0051
東京都千代田区神田神保町2−13　神保町ＭＦビル４Ｆ
Tel：03−5226−5781　Fax：03−5226−3510

印刷・製本　三晃印刷株式会社

Printed in Japan　ISBN978-4-7979-8810-9